CHAMBRE DE COMMERCE DE NEVERS.

Séance du 14 octobre 1892

RAPPORT DE M. CLADIÈRE

SUR

L'ARRANGEMENT FRANCO-SUISSE.

NEVERS,

IMPRIMERIE G. VALLIÈRE,

Place de la Halle et rue du Rempart

1892

CHAMBRE DE COMMERCE DE NEVERS.

Séance du 14 octobre 1892.

RAPPORT DE M. CLADIÈRE

SUR

L'ARRANGEMENT FRANCO-SUISSE.

NEVERS,

IMPRIMERIE G. VALLIÈRE,

Place de la Halle et rue du Rempart.

1892

CHAMBRE DE COMMERCE DE NEVERS.

Séance du 14 octobre 1892.

RAPPORT DE M. CLADIÈRE

SUR

L'ARRANGEMENT FRANCO-SUISSE [1]

Il est aujourd'hui au su de tout le monde qu'un arrangement commercial a été signé pour la France par notre ministre des affaires étrangères, pour la Suisse par M. Lardy, son ministre à Paris.

Préalablement, M. Ribot avait signalé au conseil des ministres qu'environ cinquante numéros du tarif des douanes paraissaient susceptibles « de modifications favorables ».

Dans l'espèce, *modifications favorables* veut dire abaissement sensible de notre tarif minimum pour la presque totalité des cinquante numéros en question.

Dans l'espèce aussi, le mot arrangement est un terme diplomatique qui ne signifie pas autre chose que traité de commerce dont la durée est indéterminée, car il demeurera obligatoire jusqu'à l'expiration d'une année à partir du jour où l'une ou l'autre des parties contractantes l'aura dénoncé.

---

[1] La commission est composée de MM. Bernot, Boutroux, Constant, Cladière.

Cet arrangement, pour avoir toute sa valeur, doit être soumis à l'approbation de l'Assemblée fédérale et à celle de nos Chambres dès leur rentrée.

Parmi les documents qui l'accompagnent, nos législateurs verront un échange de correspondances entre notre ministre des affaires étrangères et le ministre suisse, M. Lardy. La lettre de ce dernier, en date du 22 juillet 1892, contient ces deux passages, qui ne sont autre chose qu'un ultimatum :

. . . .

« *Le Conseil fédéral aime à croire que les Chambres françaises*
» *se laisseront exclusivement diriger, dans l'examen de ces réduc-*
» *tions, par les considérations d'ordre supérieur dont s'est inspiré*
» *le gouvernement de la République, et que, dans leur vote, elles*
» *aboutiront aux mêmes résultats sans aucun changement.*

» *Si, contre l'attente du Conseil fédéral, il en était autrement,*
» *il est plus que probable que l'Assemblée fédérale devrait consi-*
» *dérer l'entente comme ayant échoué.* »

Ce ton comminatoire n'est pas celui dont on se sert d'ordinaire pour discuter, surtout entre bons voisins, surtout aussi lorsqu'il s'agit de concessions hors de la logique. Il faut assurément faire à une nation amie comme la Suisse toutes concessions compatibles avec nos intérêts, mais à charge de concessions corrélatives. Il faut surtout se garder de pousser les choses à un point qui soulèverait de légitimes réclamations et peut-être des exigences plus grandes encore de la part d'autres peuples. On doit, dans ce cas, accorder le traitement consenti à la nation la plus favorisée et ne pas aller au-delà. On ne saurait donner à la Suisse un plus grand témoignage de notre sympathie.

Les uns appellent l'arrangement une simple dérogation aux tarifs des douanes, sans qu'on puisse y voir une atteinte sérieuse à leur ensemble.

Pour nous, nous le considérons comme la dislocation d'une loi si laborieusement étudiée, si mûrement édictée, dislocation qui remettrait toutes choses dans l'état où elles étaient antérieurement, jetterait la perturbation dans les relations commerciales internationales, détruirait toute l'économie de la loi, et ce au grand détriment des intérêts français, qui seraient complètement déséquilibrés et courraient le plus grand danger.

L'étude du nouveau tarif des douanes, la loi du 11 janvier 1892, représentent le plus important et le plus sérieux travail qui se soit fait jusqu'à ce jour sur la matière. Le régime actuel a été élaboré, discuté et voté en tenant compte des évolutions industrielles et commerciales accomplies dans tous les Etats, des progrès qui ont pénétré partout où un drapeau civilisateur a été arboré.

Nous admettons volontiers qu'on ne soit pas arrivé à la perfection, mais il est permis de dire qu'une expérience de quelques mois seulement est insuffisante pour qu'on ose déjà proposer des modifications qui viendraient prématurément saper la doctrine, les principes et l'essence de notre récente loi qui, depuis sa promulgation, n'a produit que d'excellents résultats.

Nous trouvons très-bien qu'on entretienne avec la Suisse des relations amicales qui répondent, du reste, à nos sentiments personnels. Nous voudrions en voir avec toutes les nations si c'était possible, mais ce n'est pas une raison pour faire de la question des affaires une question sentimentale, car nous savons que les degrés de sympathie ne peuvent pas être les mêmes pour toutes.

Les intérêts respectifs des puissances doivent se traiter absolument comme se traitent ceux entre négociants. A quoi arriverait un commerçant qui ferait isolément des concessions hors des cours justement établis, injustifiées, non compensées, sous prétexte qu'il a avec un tel des relations plus amicales qu'avec les autres? Il irait à la ruine, car les autres commerçants qui font aussi des affaires avec lui auraient bien vite cessé tous rapports avec ce maladroit.

Il en serait absolument de même pour la France si elle venait à créer ou rechercher des faveurs en dehors des tarifs aussi équitables que ceux actuellement en vigueur.

Il existe entre le tarif général et le tarif minimum un écart suffisamment marqué, une élasticité assez grande pour permettre au Gouvernement d'établir toutes conventions, de signer tous traités, sans avoir recours à des abaissements qui amèneraient des résultats non-seulement opposés à ceux recherchés, mais ruineux pour la France.

La Constitution l'autorise bien à faire les conventions et traités qu'il jugera utiles, et ce en dehors des tarifs existants; mais il est essentiel de rappeler dans quelles limites notre Gouvernement s'est engagé à user de ce droit incontesté.

Dans le rapport général fait au nom de la Chambre des députés, M. Méline a toujours exposé avec netteté et précision le caractère et les avantages du système du double tarif, l'accord le plus complet existant sur ce point important avec le Gouvernement, dont il a affirmé le droit en ces termes :

« Il va sans dire que la commission n'a procédé ici que par
» voie d'avis et de conseil, et qu'elle n'a nullement entendu
» porter atteinte à la prérogative que le Gouvernement tient de
» la Constitution de faire des traités sous sa responsabilité
» personnelle, sauf à les soumettre à la ratification du Parle-
» ment. »

Nul n'a autant d'autorité que M. Méline pour parler sur la matière, car il était le rapporteur général de la commission et le Gouvernement était d'accord avec elle. Dans son récent discours à Remiremont, il a fait ressortir de la façon la plus palpable les avantages du système, de la doctrine et des taux des tarifs.

Dans la séance du 22 mai 1891, M. le Ministre des affaires étrangères a déclaré dans les termes suivants que les prérogatives constitutionnelles n'auraient pas pour effet de détruire la valeur des votes rendus par la Chambre :

« *De ce que nous ne voulons pas nous lier, de ce que nous*
» *n'abandonnons aucune de nos prérogatives, s'ensuit-il que nous*
» *voulions, en quelque sorte de gaieté de cœur, nous jeter à la*
» *traverse de l'œuvre de la Chambre, en prendre pour ainsi dire*
» *le contre-pied, et que nous ayons la prétention de réduire ce*
» *tarif minimum, que nous vous avons présenté nous-mêmes,*
» *à l'état de lettre morte; que nous voulions, le lendemain du*
» *jour où vous l'aurez voté, en détruire la plupart des articles*
» *par des traités de commerce? Non, Messieurs, je n'hésite pas à*

» le dire, nous ne le ferons pas ; cette politique ne peut pas être la
» nôtre. D'abord, parce que ce ne serait pas une politique loyale
» vis-à-vis du Parlement : c'est nous-mêmes qui sommes entrés
» dans les vues qui prévalent au sein de la majorité et qui ont
» reçu par avance la sanction du pays. Le pays a indiqué et la
» Chambre a dit qu'elle voulait, autant qu'il est possible, rester
» maîtresse de ses tarifs, de sa législation économique.

» Le Gouvernement est entré dans ces vues autant qu'il dépen-
» dait de lui le jour où M. Jules Roche et M. Jules Develle ont
» apporté à cette tribune le double tarif : tarif général et tarif
» minimum. Si l'œuvre qui sortira de vos délibérations est,
» comme je l'espère, empreinte de modération et de sagesse, il ne
» dépendra pas de nous que ce tarif, arrêté par vous, ne devienne
» la base de nos relations économiques avec tous les pays. »

M. de Freycinet, le président du conseil, a confirmé les déclarations et engagements ci-dessus en ajoutant :

« ..... Le double tarif que vous allez voter, sur la proposition
» même du Gouvernement, sera la base de nos rapports internatio-
» naux. »

Après des engagements aussi formels, des déclarations aussi
catégoriques que ceux que nous venons de rappeler, n'a-t-on pas
raison d'être vivement étonné de voir apparaître l'arrangement
franco-suisse dans les conditions où on le présente ? Il nous
semble que les abaissements considérables des taux du tarif
minimum qu'on propose sont une manifestation contre la volonté
nationale.

Nous avons bien la conviction que devant les Chambres pré-
vaudra le principe de M. Dauphin, rapporteur de la commission
des douanes du Sénat :

« . ... Le vote des deux tableaux sera, non une vaine consultation,
» mais l'expression ferme d'une volonté actuelle. Cette volonté sera
» un frein pour le Gouvernement et une arme contre les exigences
» des autres États. »

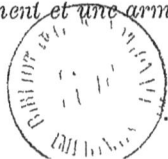

Les abaissements accordés par la France à la Suisse portent, comme nous l'avons dit, sur cinquante numéros des tarifs ; ils varient de 20 à plus de 80 p. 0/0 au-dessous de notre tarif minimum. Le traité y apporte encore d'autres changements par des suppressions ou additions. Voir principalement pour les n°ᵉ 407, 411, 419, 421, 501, etc. Il va même jusqu'à créer une catégorie nouvelle qui porte le n° 536 *bis*.

On touche jusqu'aux produits agricoles ; on avait pourtant promis à l'agriculture qu'ils resteraient en dehors des traités et conventions. Malgré tout, les vaches, taureaux, bouvillons, taurillons et génisses, taxés à 10 fr. par 100 kilos poids vif, ne payeraient plus que 5 fr. à leur entrée en France (n°ˢ 5, 6 et 7 du tarif). Qu'on remarque bien que la Suisse ne nous fait pas pour la race bovine de concession compensatrice ; de sorte que les fermiers et éleveurs, loin d'être protégés, seraient encore sacrifiés. Espérons qu'on ouvrira les yeux sur les conséquences funestes de pareils errements.

Nous avons toujours estimé, et nous sommes, en cela, d'accord avec les économistes les plus distingués, que plus un Etat fait pour son agriculture plus il s'enrichit. Aujourd'hui, non-seulement on ne tient pas les promesses faites, mais on voudrait entamer l'une des principales branches de la richesse nationale.

Les modifications accordées par la Suisse à la France portent sur 33 numéros des tarifs.

Un simple regard fait voir quelles importantes concessions non motivées la France ferait à la Suisse et la minimité de celles que cette dernière nous concéderait. Pour dix numéros, elles se réduisent à néant et pour tous les autres elles sont loin d'approcher de celles inscrites en sa faveur sur le traité. Il faut considérer en outre que nous lui donnons des débouchés plus nombreux et bien plus étendus que ceux relativement fort restreints qu'elle nous présente. Voici, en effet, le texte de l'article 1ᵉʳ :

« Les objets d'origine ou de manufacture suisse importés directement du territoire suisse seront admis en France, y compris l'Algérie, aux droits fixés par le tarif minimum.

» Ces droits leur seront également appliqués dans les colonies,

» les possessions françaises et les pays de protectorat de l'Indo-
» Chine, sous les conditions prévues par l'art. 3 de la loi du
» 11 janvier 1892. »

Mais ce n'est pas tout. Nous avons dit et nous maintenons que
si le traité franco-suisse venait à être sanctionné, ce serait la dislocation de nos tarifs douaniers et la ruine du commerce français.

Les raisons abondent pour corroborer notre opinion. Celles
exposées par M. Plichon, député du Nord, dans le cours de la
session du conseil général de ce département, étant identiques aux
nôtres, nous n'avons rien de mieux à faire qu'à les reproduire :

« Les nations avec lesquelles la France a des relations commer-
» ciales codifiées peuvent se diviser en deux catégories : d'abord,
» celles auxquelles notre tarif minimum a été accordé en bloc par
» décret, en vertu de l'autorisation concédée par la loi du 29 dé-
» cembre 1891 ; ce sont : la Suède et la Norvège, la Belgique, les
» Pays-Bas, la Suisse, l'Espagne et la Grèce. En second lieu, les
» puissances vis-à-vis desquelles nous sommes liés par la clause
» du traitement de la nation la plus favorisée, c'est-à-dire l'Alle-
» magne en vertu du traité de Francfort, l'Angleterre par la loi
» du 27 février 1882, la Russie, l'Autriche-Hongrie, le Mexique,
» le Danemarck en vertu de traités de commerce non dénoncés,
» enfin la Turquie par le fait des capitulations.

» Tous ces Etats, les uns et les autres, bénéficieraient des
» abaissements de tarifs que nous consentirions à une puissance
» quelconque : les premiers, puisque nous leur avons concédé
» le tarif minimum en bloc sans indication de taxe, et que notre
» tarif minimum serait le tarif comportant les droits les plus
» réduits ; les seconds, puisqu'ils bénéficient du traitement de la
» nation la plus favorisée.

» Mais, quelque grave que soit cette conséquence de conces-
» sion vis-à-vis de la Suisse, ce n'est rien, à mon sens, à côté du
» danger que présenterait une atteinte quelconque portée à l'heure
» actuelle à notre tarif minimum.

» En effet, nous verrions aussitôt les autres nations, et la Bel-
» gique et d'autres, fortes de l'exemple de la Suisse, qui aurait
» pu obtenir de la France, grâce à une attitude pacifiquement

» menaçante, des avantages exceptionnels, nous verrions ces
» États nous menacer d'une rupture commerciale et nous arra-
» cher de la même manière des abaissements à notre tarif mini-
» mum. Et alors on verrait cette œuvre si laborieusement édifiée,
» si ardemment souhaitée par nos populations, si souvent
» réclamée depuis 1860 par la région du Nord en particulier, on
» verrait cette œuvre s'anéantir !

» Ce qu'on propose vis-à-vis de la Suisse, c'est un coup de
» pioche donné à notre œuvre économique, qui s'écroulerait
» alors, ensevelissant sous ses débris la fortune de la France,
» comme s'abat un édifice dont on vient à briser la clé de voûte. »

La convention qui est l'objet de nos préoccupations et protestations a soulevé avant les nôtres celles de plusieurs conseils
généraux et celles de plusieurs Chambres de commerce. Elles
eussent été bien plus nombreuses si cette convention était restée
moins longtemps cachée au public.

Contrairement à certaines assertions inexactes ou malinten-
tionnées, l'application du tarif minimum a jusqu'ici produit les
meilleurs résultats pour la France et ses consommateurs.

Le soulèvement de l'opinion publique s'accentue tous les jours
de plus en plus depuis qu'elle a connaissance du traité. Citons,
au hasard, les protestations énergiques sagement et fortement
motivées des :

Conseils généraux des Pyrénées-Orientales, de la Somme, du
Pas-de-Calais, du Gard, du Nord, de la Vaucluse, de l'Aude, de
l'Aveyron, de la Seine-Inférieure, de la Charente ;
Du comité de la filature de Normandie ;
Du meeting tenu à Rouen le 23 septembre dernier ;
Du conseil municipal de Bolbec ;
Des agriculteurs, industriels et commerçants de Condé-sur-
Noireau ;
De M. Gatellier, président de la Société d'agriculture de
Meaux ;
De l'importante Société d'agriculture de la Nièvre, qui s'est
empressée d'adopter les sages et judicieuses conclusions de son

honorable membre M. le comte Benoist d'Azy, et a décidé que le vœu suivant serait transmis aux sénateurs et députés de la Nièvre :

« La Société départementale d'agriculture de la Nièvre, réunie » le 24 septembre 1892, compte sur le zèle des sénateurs et » députés de la Nièvre pour combattre tout nouvel abaissement du » tarif des douanes, mesure contraire aux intérêts de leur dépar- » tement et à ceux de la France entière » ;

Du Syndicat de l'union des tisseurs et similaires de Lyon ;
Des Chambres de commerce de Perpignan, Flers, Armentières, Elbeuf, Caen, Lille, Saint-Quentin, Epinal, etc , etc.

Les Chambres de commerce ont été consultées lorsque, dès le début, il s'est agi de la loi en général. Pourquoi négliger cette consultation lorsqu'il s'agit d'y porter, à notre avis sans raison, une aussi grave atteinte ? Nous comptons bien que les représen- tants de la nation sauront faire respecter sa volonté.

Pour toutes les considérations ci-dessus, votre commission vous propose d'émettre le vœu :

« Qu'il ne soit pas apporté d'abaissements en faveur de quelque » nation que ce soit aux tarifs actuels des douanes. »

Ce rapport est adopté à l'unanimité moins une voix, et la Chambre décide qu'il sera imprimé et adressé à MM. les Ministres du commerce et des affaires étran- gères, aux sénateurs et députés de la Nièvre et à toutes les Chambres de commerce.

Pour copie conforme :

Le Président de la Chambre de commerce,

MAGNARD.

Nevers, imp. G. Vallière.

www.ingramcontent.com/pod-product-compliance
Lightning Source LLC
Chambersburg PA
CBHW050457210326
41520CB00019B/6250